AF188139

Impressum
Verlag: BABADADA GmbH, Nedderfeld 112 , 22529 Hamburg
Geschäftsführer / Verlagsleitung: Harald Hof
Druck: Books on Demand GmbH, In de Tarpen 42, 22848 Norderstedt

Imprint
Publisher: BABADADA GmbH, Nedderfeld 112 , 22529 Hamburg, Germany
Managing Director / Publishing direction: Harald Hof
Print: Books on Demand GmbH, In de Tarpen 42, 22848 Norderstedt, Germany

skole
škola

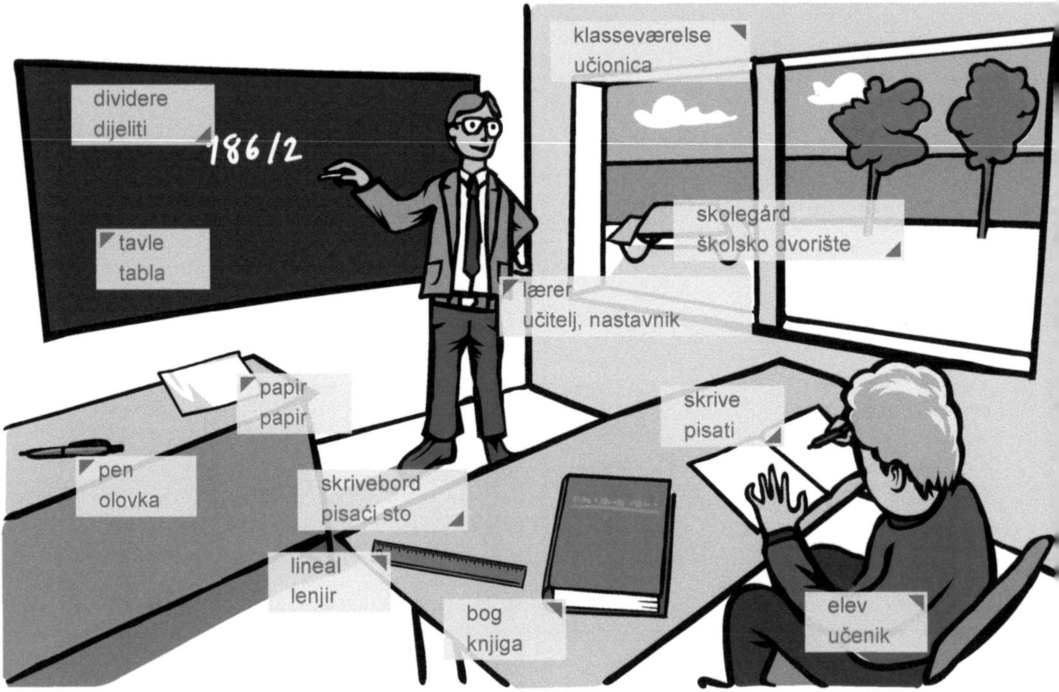

klasseværelse
učionica
dividere
dijeliti
186/2
tavle
tabla
skolegård
školsko dvorište
lærer
učitelj, nastavnik
papir
papir
skrive
pisati
pen
olovka
skrivebord
pisaći sto
lineal
lenjir
bog
knjiga
elev
učenik

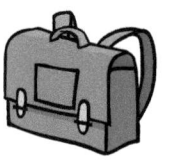

skoletaske
torba

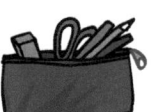

penalhus
pernica

blyant
drvena olovka

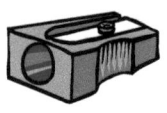

blyantspidser
šiljalo za olovke

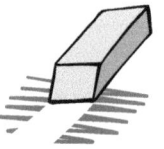

viskelæder
gumica

tegneblok
blok za crtanje

tegning

crtež

pensel

kist

æske med vandfarver

kutija s bojama

saks

makaze

lim

ljepilo

opgavehefte

vježbanka

lektie

domaća zadaća

tal

broj

2+2

addere

sabirati

subtrahere

oduzimati

multiplicere

množiti

regne

računati

bogstav

slovo

ABCDEFG
HIJKLMN
OPQRSTU
VWXYZ

alfabet

abeceda

ord

riječ

tekst
tekst

læse
čitati

kridt
kreda

time
sat

klasseprotokol
školski dnevnik

eksamen
ispit

karakterbog
svjedočanstvo

skoleuniform
školska uniforma

uddannelse
izobrazba

leksikon
leksikon

universitet
univerzitet

mikroskop
mikroskop

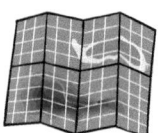

kort
karta

papirkurv
korpa za papir

4

skole - škola

rejse

putovanje

hotel
hotel
Grand
herberg
hostel
ROOMS
EXCHANGE
vekselkontor
mjenjačnica
kuffert
kofer
bil
auto

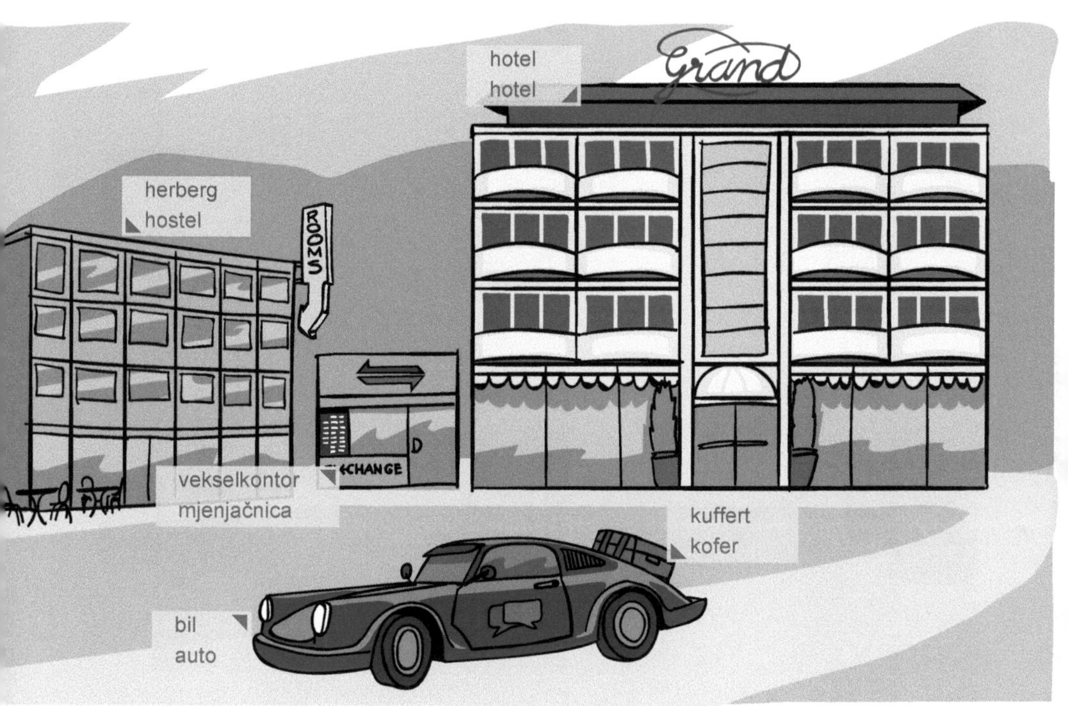

sprog
jezik

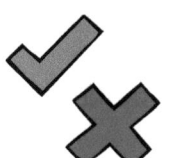

ja / nej
da / ne

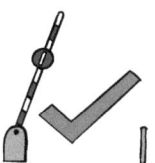

okay
okej

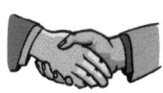

hej
zdravo

oversætter
tumač

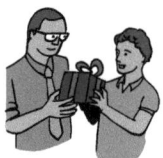

tak
hvala

hvad koster...?

Koliko košta...?

Jeg forstår ikke

Ne razumijem

problem

problem

God aften!

dobro veče!

God morgen!

Dobro jutro!

God nat!

Laku noć!

farvel

doviđenja

retning

smjer

bagage

prtljag

taske

torba

rygsæk

ruksak

gæst

gost

værelse

soba

sovepose

vreća za spavanje

telt

šator

rejse - putovanje

turistinformation

turističke informacije

strand

plaža

kreditkort

kreditna kartica

morgenmad

doručak

middagsmad

ručak

aftensmad

večera

billet

putna karta

elevator

lift

frimærke

poštanska markica

grænse

granica

told

carina

ambassade

ambasada

visum

viza

pas

pasoš

transport
transport

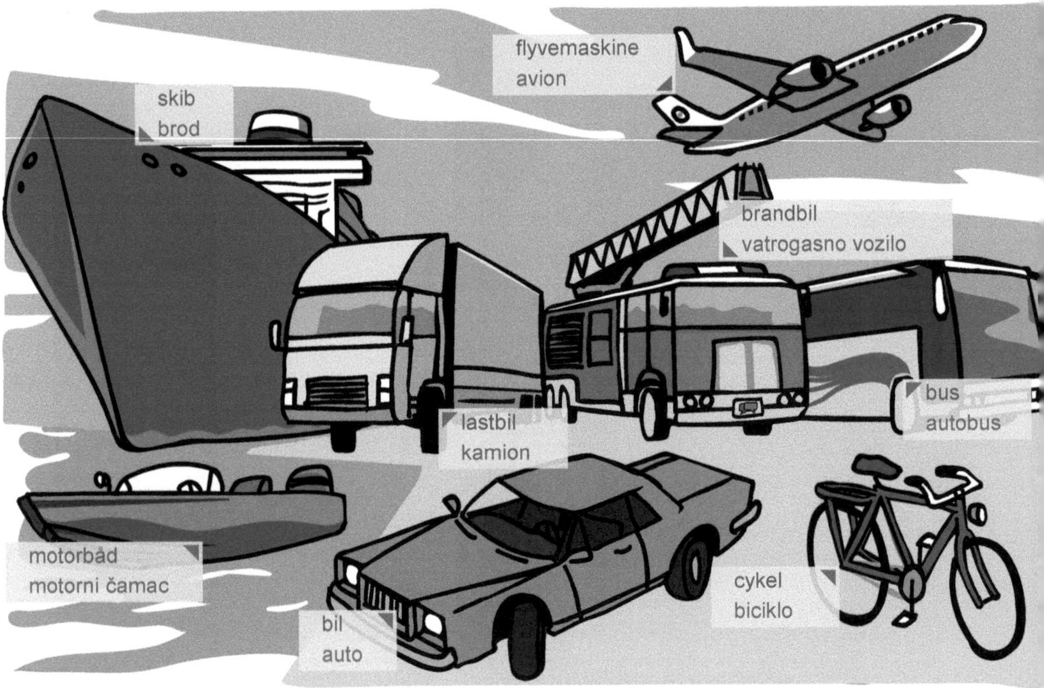
flyvemaskine
avion
skib
brod
brandbil
vatrogasno vozilo
bus
autobus
lastbil
kamion
motorbåd
motorni čamac
cykel
biciklo
bil
auto

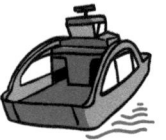

færge

trajekt

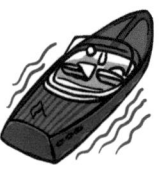

båd

brod

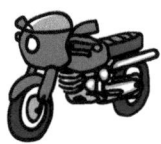

motorcykel

motocikl

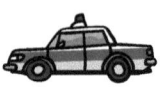

politibil

policijski automobil

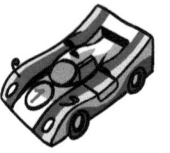

racerbil

trkaći automobil

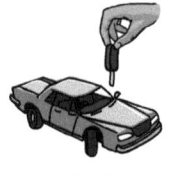

lejebil

unajmljeni automobil

samkørsel
kar-šering

kranbil
pauk

skraldebil
smećarsko vozilo

motor
motor

benzin
gorivo

tankstation
benzinska pumpa

trafikskilt
saobraćajni znak

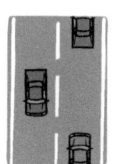

trafik
saobraćaj

trafikprop
zastoj

parkeringsplads
parking

banegård
željeznička stanica

skinner
šine

tog
voz

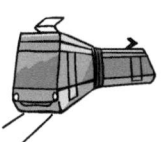

sporvogn
tramvaj

wagon
vagon

helikopter
helikopter

lufthavn
aerodrom

tårn
toranj

passager
putnik

container
kontejner

karton
karton

kærre
tačke

kurv
korpa

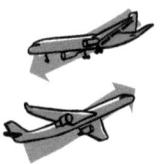

starte / lande
poletjeti / sletjeti

by
grad

landsby
selo

bymidte
centar grada

hus
kuća

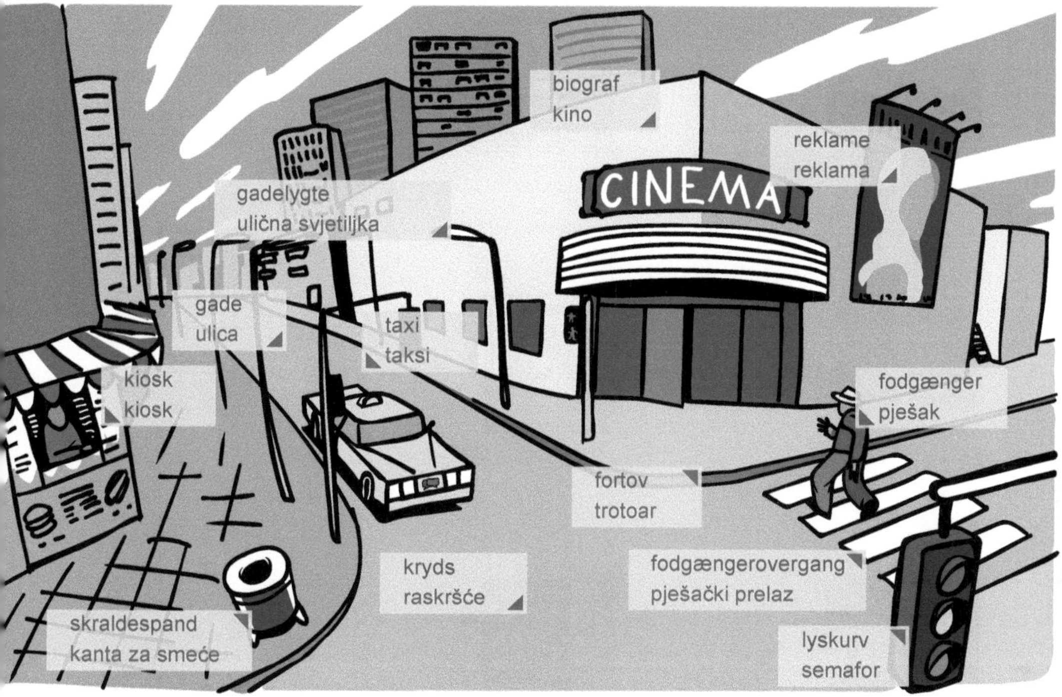
biograf
kino
reklame
reklama
CINEMA
gadelygte
ulična svjetiljka
gade
ulica
taxi
taksi
kiosk
kiosk
fodgænger
pješak
fortov
trotoar
kryds
raskršće
fodgængerovergang
pješački prelaz
skraldespand
kanta za smeće
lyskurv
semafor

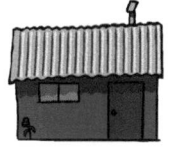

hytte

koliba

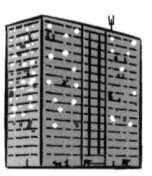

lejlighed

stan

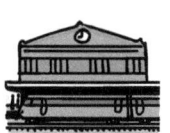

banegård

željeznička stanica

rådhus

vjećnica

MUSEUM

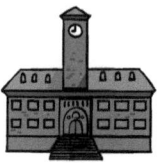

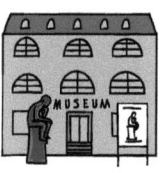

museum

muzej

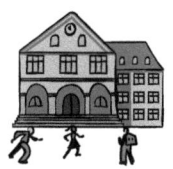

skole

škola

universitet

univerzitet

bank

banka

sygehus

bolnica

hotel

hotel

apotek

apoteka

kontor

ured

boghandel

knjižara

butik

radnja

blomsterbutik

cvjećara

supermarked

supermarket

marked

pijaca

stormagasin

robna kuća

fiskehandler

prodavač ribe

butikscenter

trgovački centar

havn

luka

park
park

bænk
klupa

bro
most

trappe
stepenice

undergrundsbane
podzemna željeznica

tunnel
tunel

busstoppested
autobuska stanica

barnevogn
bar

restaurant
restoran

postkasse
poštanski sandučić

vejskilt
saobraćajni znak

parkometer
sat za naplatu parkinga

zoo
zoološki vrt

badeanstalt
bazen

moske
džamija

bondegård
seosko imanje

miljøforurening
zagađenje okoline

kirkegård
groblje

kirke
crkva

legeplads
igralište

tempel
hram

landskab
krajolik

blad
list

vejviser
putokaz

vej
putokaz

eng
livada

sten
kamen

træ
drvo

vandrer
putnik

flod
rijeka

græs
trava

blomst
cvijet

dal
dolina

bjerg
brdo

sø
jezero

skov
šuma

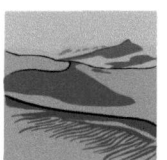

ørken
pustinja

vulkan
vulkan

slot
dvorac

regnbue
duga

svamp
gljiva

palme
palma

moskito
komarac

flue
muha

myre
mrav

bi
pčela

edderkop
pauk

bille
buba

frø
žaba

egern
vjeverica

pindsvin
jež

hare
zec

ugle
sova

fugl
ptica

svane
labud

vildsvin
divlja svinja

hjort
jelen

elg
los

dæmning
brana

vindmølle
vjetrenjača

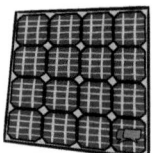

solcellemodul
solarni modul

klima
klima

restaurant
restoran

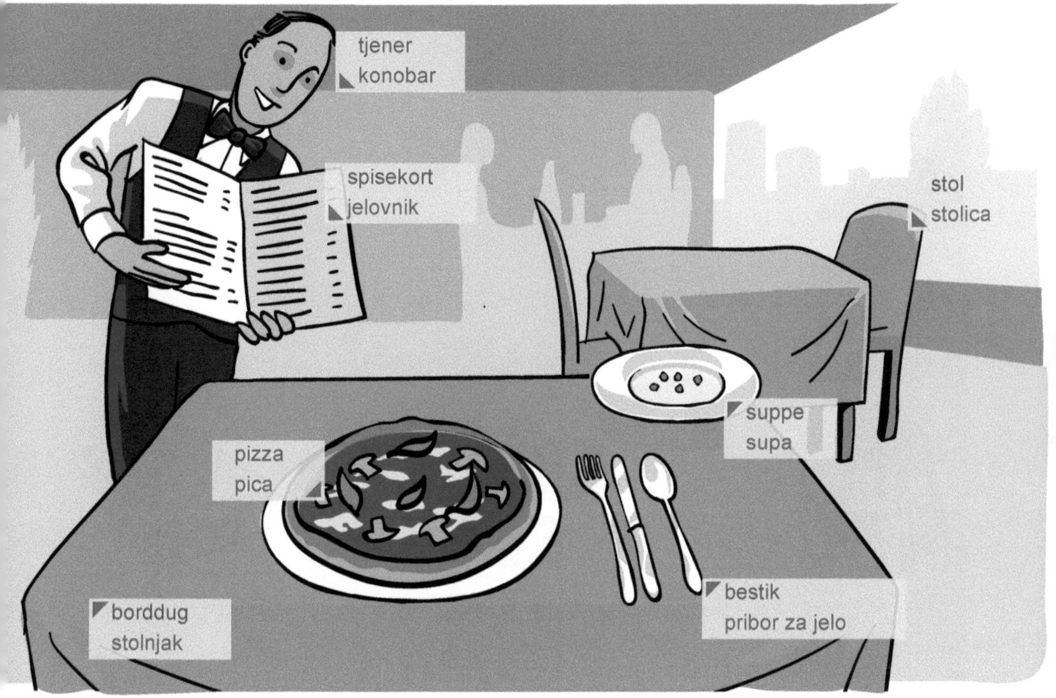

tjener
konobar
spisekort
jelovnik
stol
stolica
suppe
supa
pizza
pica
bestik
pribor za jelo
borddug
stolnjak

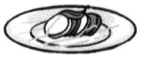

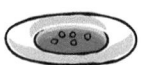

forret
predjelo

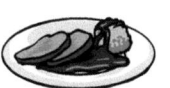

hovedret
glavno jelo

dessert
desert

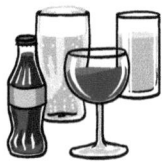

drikkevarer
piće

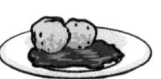

mad
jelo

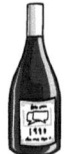

flaske
flaša

fastfood

brza hrana

streetfood

jelo sa ulice

tekande

čajnik

sukkerdåse

šećernica

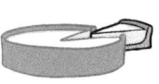

portion

porcija

espressomaskine

mašina za espreso

barnestol

barska stolica

faktura

račun

tablet

tacna

kniv

nož

gaffel

viljuška

ske

kašika

teske

kašičica

serviet

salveta

glas

čaša

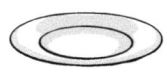

tallerken

tanjir

dyb tallerken

tanjir za supu

underkop

tanjurić

sovs

sos

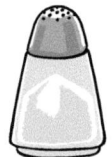

saltbøsse

solanik

peberkværn

mlin za biber

eddike

sirće

olie

ulje

krydderier

začini

ketchup

kečap

sennep

senf

mayonnaise

majoneza

supermarked
supermarket

tilbud
ponuda
FOR
kunde
klijent
mælkeprodukter
mliječni proizvodi
frugt
voće
indkøbsvogn
kolica za kupovinu

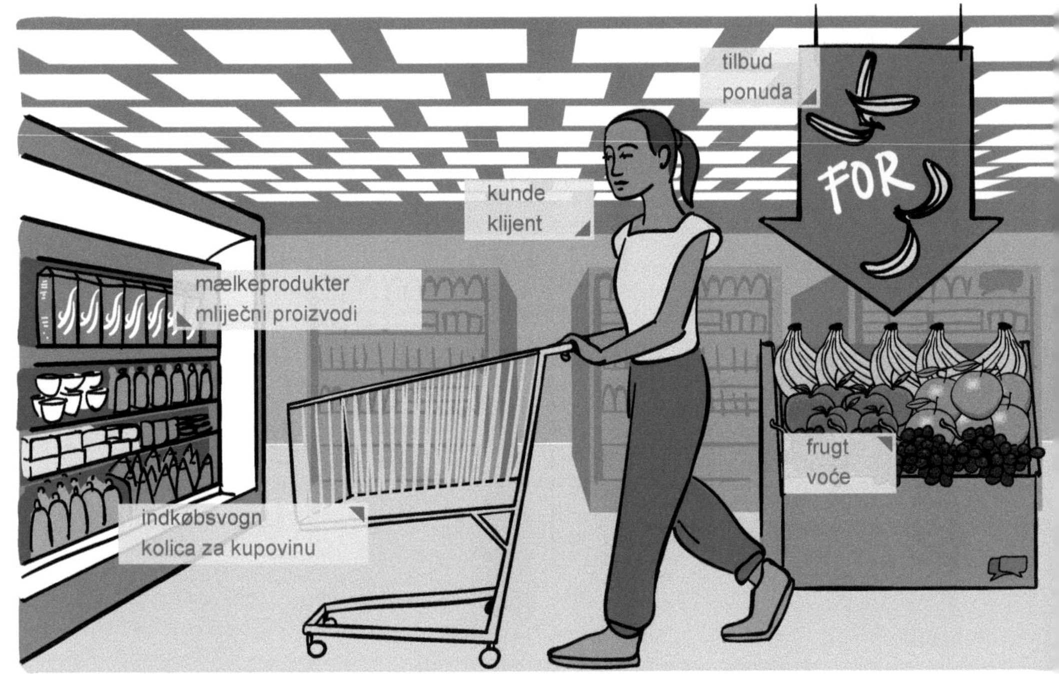

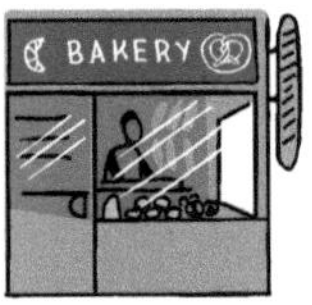

BUTCHERS

slagter

mesnica- klaonica

BAKERY

bageri

pekara

veje

vagati

grøntsager

povrće

kød

meso

frostvarer

zaleđena hrana

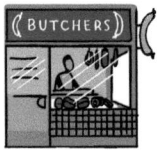

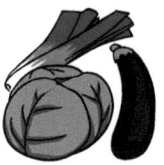

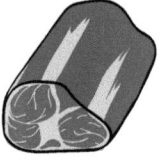

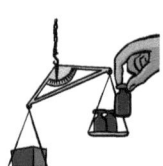

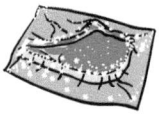

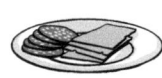

pálæg

narezak

konserves

konzerve

vaskemiddel

prašak za veš

slik

slatkiši

husholdningsvarer

kućanski proizvodi

rengøringsmidler

sredstvo za čišćenje

ekspedient

prodavačica

kasse

kasa

kasserer

blagajnik

indkøbsliste

lista za kupovinu

åbningstider

radno vrijeme

tegnebog

novčanik

kreditkort

kreditna kartica

taske

torba

plasticpose

najlonska vrećica

vand

voda

saft

sok

mælk

mlijeko

cola

kola

vin

vino

øl

pivo

alkohol

alkohol

kakao

kakao

te

čaj

kaffe

kafa

espresso

espreso

cappuccino

kapućino

banan

banana

æble

jabuka

appelsin

narandža

melon

lubenica

citron

limun

gulerod

mrkva

hvidløg

bijeli luk

bambus

bambus

løg

crveni luk

svamp

gljiva

nødder

orašasti plodovi

nudler

pasta

spaghetti

špagete

ris

riža

salat

salata

pomfritter

pomfrit

stegte kartofler

pečeni krompir

pizza

pica

hamburger

hamburger

sandwich

sendvič

schnitzel

šnicla

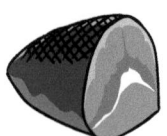

skinke

šunka

salami

kobasica

pølse

kobasica

kylling

kokoš

steg

pečenje

fisk

riba

havregryn

zobene pahuljice

mysli

muzli

cornflakes

kornfleks

mel

brašno

croissant

kroason

rundstykke

zemičke

brød

kruh

toast

tost

kiks

keksi

smør

maslac

kvark

svježi sir

kage

kolač

æg

jaje

spejlæg

jaje na oko

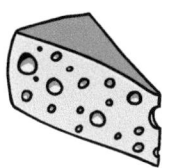

ost

sir

is
sladoled

sukker
šećer

honning
med

marmelade
marmelada

nougat-creme
nugat krema

karry
kuri

bondegård
seosko imanje

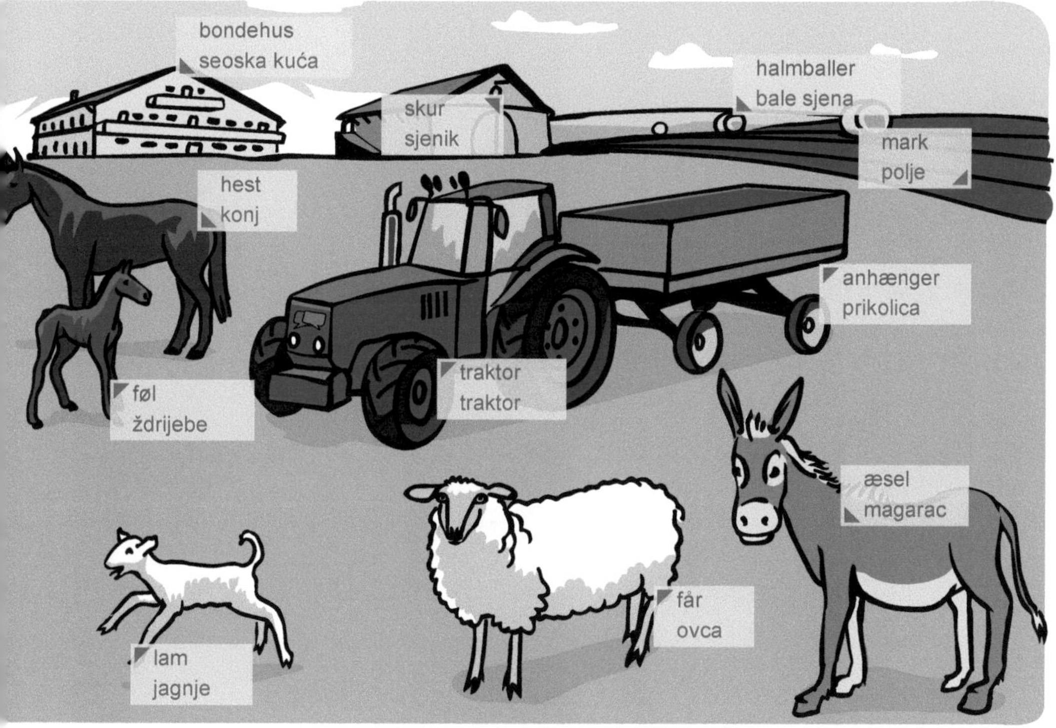
bondehus
seoska kuća
skur
sjenik
halmballer
bale sjena
mark
polje
hest
konj
anhænger
prikolica
traktor
traktor
føl
ždrijebe
æsel
magarac
får
ovca
lam
jagnje

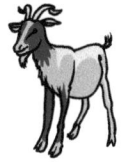

ged

koza

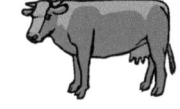

ko

krava

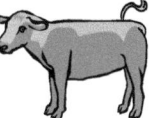

kalv

tele

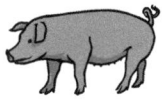

svin

svinja

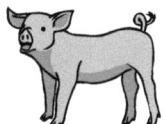

gris

prase

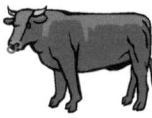

tyr

bik

gås
guska

and
patka

kylling
pile

høne
kokoška

hane
pjetao

rotte
pacov

kat
mačka

mus
miš

okse
vol

hund
pas

hundehus
pseća kućica

haveslange
crijevo za baštu

vandkande
kanta za zalijevanje

le
kosa

plov
plug

segl
srp

hakkejern
motika

møggreb
vile

økse
sjekira

trillebør
tačke

trug
korito

mælkekande
bokal za mlijeko

sæk
vreća

hæk
ograda

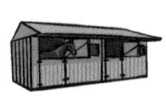

stald
štala

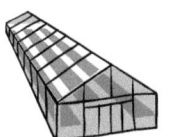

drivhus
staklenik

jord
tlo

frø
sjeme

gødning
đubrivo

mejetærsker
kombajn

høste
kositi

høst
žetva

yams
jam korijen

hvede
pšenica

soja
soja

kartoffel
krompir

majs
kukuruz

raps
uljana repica

frugttræ
drvo voća

maniok
manioka

korn
žito

hus
kuća

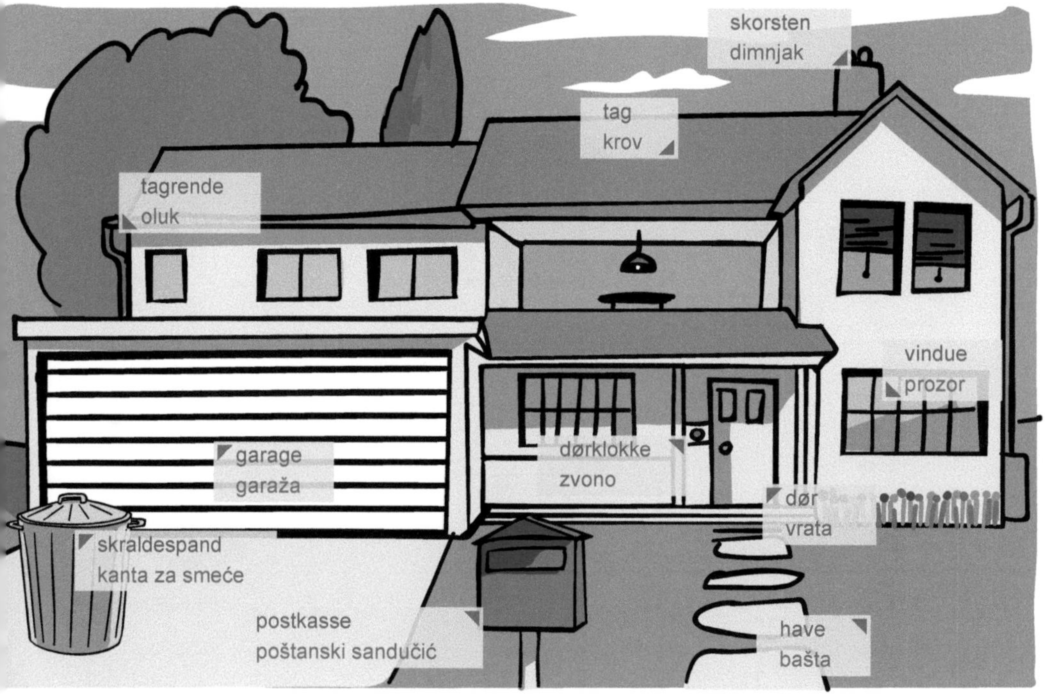

skorsten
dimnjak
tag
krov
tagrende
oluk
vindue
prozor
garage
garaža
dørklokke
zvono
dør
vrata
skraldespand
kanta za smeće
postkasse
poštanski sandučić
have
bašta

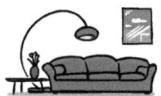

stue

dnevni boravak

badeværelse

kupatilo

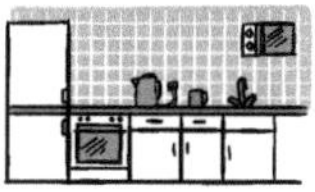

køkken

kuhinja

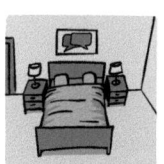

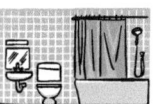

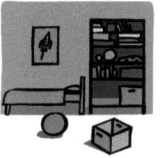

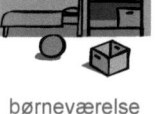

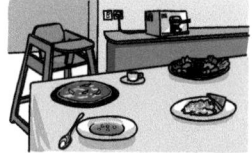

soveværelse

spavaća soba

børneværelse

dječija soba

spisestue

trpezarija

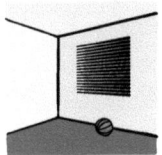

gulv

pod, tlo

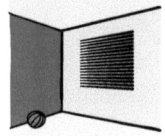

væg

zid

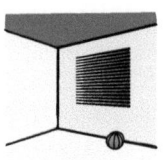

loft

plafon

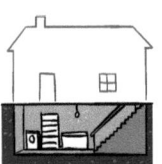

kælder

podrum

sauna

sauna

altan

balkon

terrasse

terasa

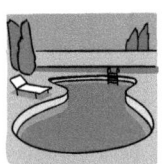

svømmehal

bazen

plæneklipper

kosilica

dynebetræk

posteljina

dyne

pokrivač

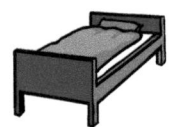

seng

krevet

kost

metla

spand

kanta

kontakt

prekidač

stue
dnevni boravak

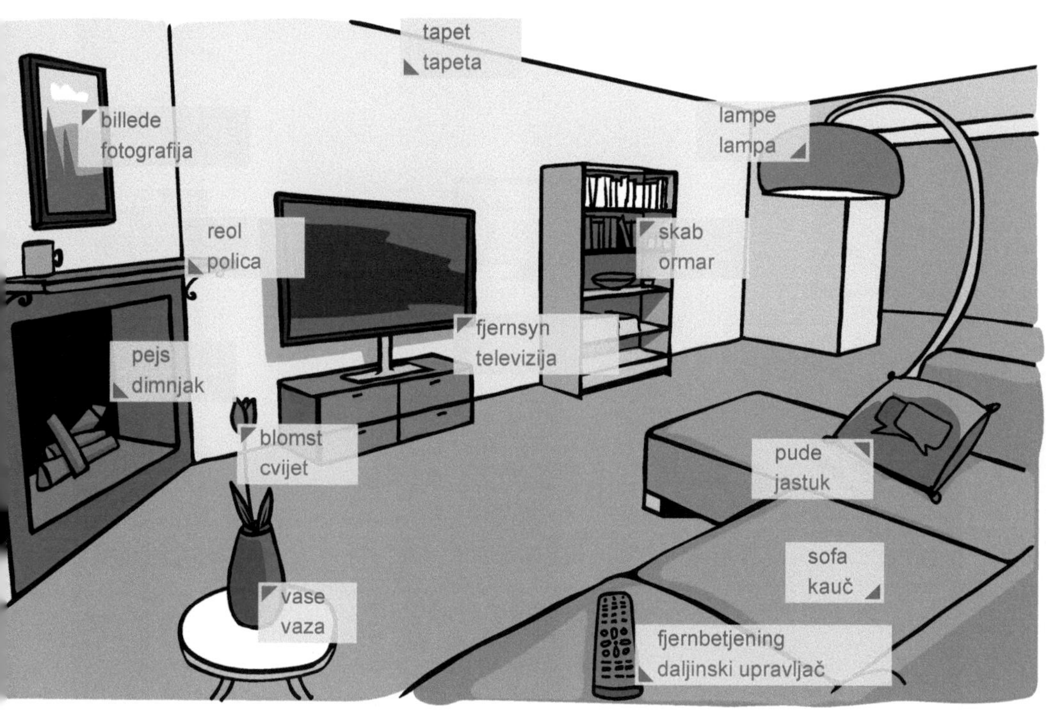
tapet
tapeta
billede
fotografija
lampe
lampa
reol
polica
skab
ormar
fjernsyn
televizija
pejs
dimnjak
blomst
cvijet
pude
jastuk
sofa
kauč
vase
vaza
fjernbetjening
daljinski upravljač

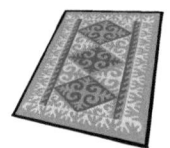

gulvtæppe

tepih

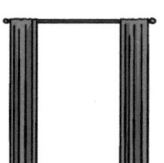

gardin

zavjesa

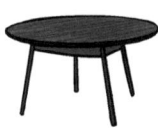

bord

stol

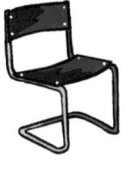

stol

stolica

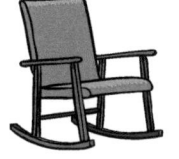

gyngestol

stolica za ljuljanje

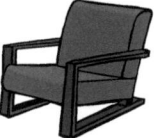

lænestol

fotelja

bog

knjiga

tæppe

deka

dekoration

dekoracija

brænde

ložno drvo

film

film

stereoanlæg

stereo uređaj

nøgle

ključ

avis

novine

maleri

umjetnička slika

plakat

poster

radio

radio

notesblok

blok za bilješke

støvsuger

usisavač

kaktus

kaktus

lys

svijeća

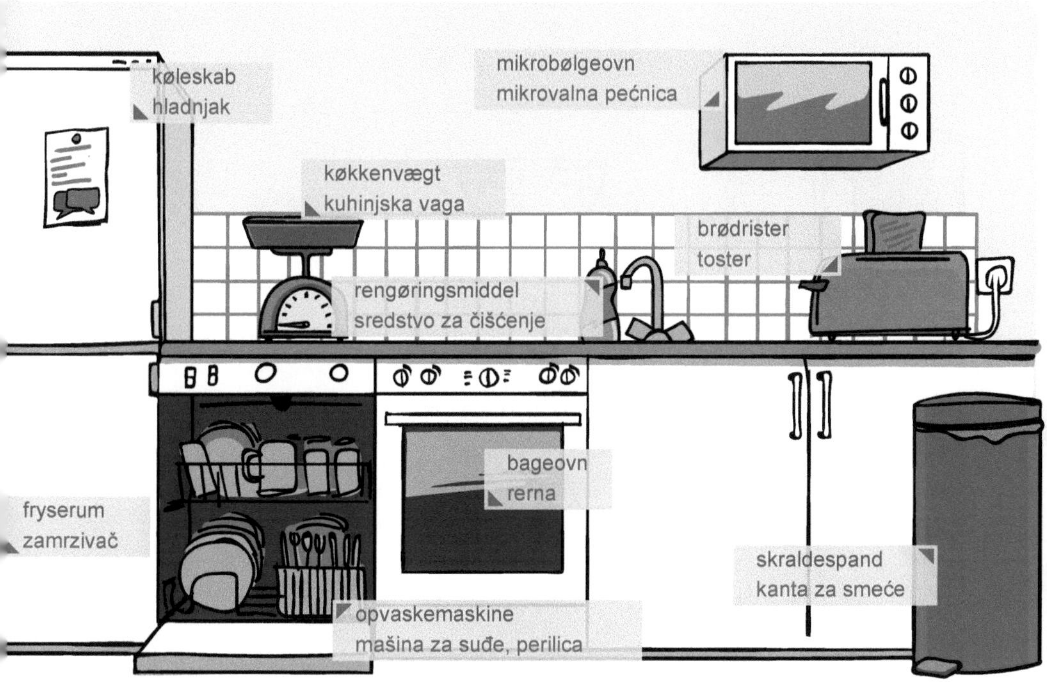

køleskab
hladnjak

mikrobølgeovn
mikrovalna pećnica

køkkenvægt
kuhinjska vaga

brødrister
toster

rengøringsmiddel
sredstvo za čišćenje

fryserum
zamrzivač

bageovn
rerna

skraldespand
kanta za smeće

opvaskemaskine
mašina za suđe, perilica

komfur
peć

gryde
lonac

jerngryde
metalni lonac

wok / kadai
vok / kadai

pande
tava, tiganj

elkedel
kuhalo

dampkoger

aparat za kuhanje na pari

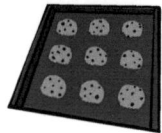

bageplade

lim za pečenje

service

posuđe

bæger

šalica

skål

činija

spisepinde

kineski štapići

øseske

kutlača

paletkniv

lopatica

piskeris

metlica za snijeg bjelanjca

dørslag

sito za kuhanje

si

sito

rive

ribež

morter

avan s tučkom

grille

roštilj

ildsted

ložište

skærebræt

daska

kagerulle

oklagija

proptrækker

vadičep

dåse

konzerva

dåseåbner

otvarač za konzerve

grydelap

krpe za lonac

køkkenvask

sudoper

børste

četka

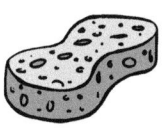

svamp

spužva

blender

mikser

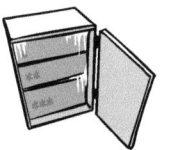

dybfryser

zamrzivač

sutteflaske

flašica za bebu

vandhane

slavina

badeværelse

kupatilo

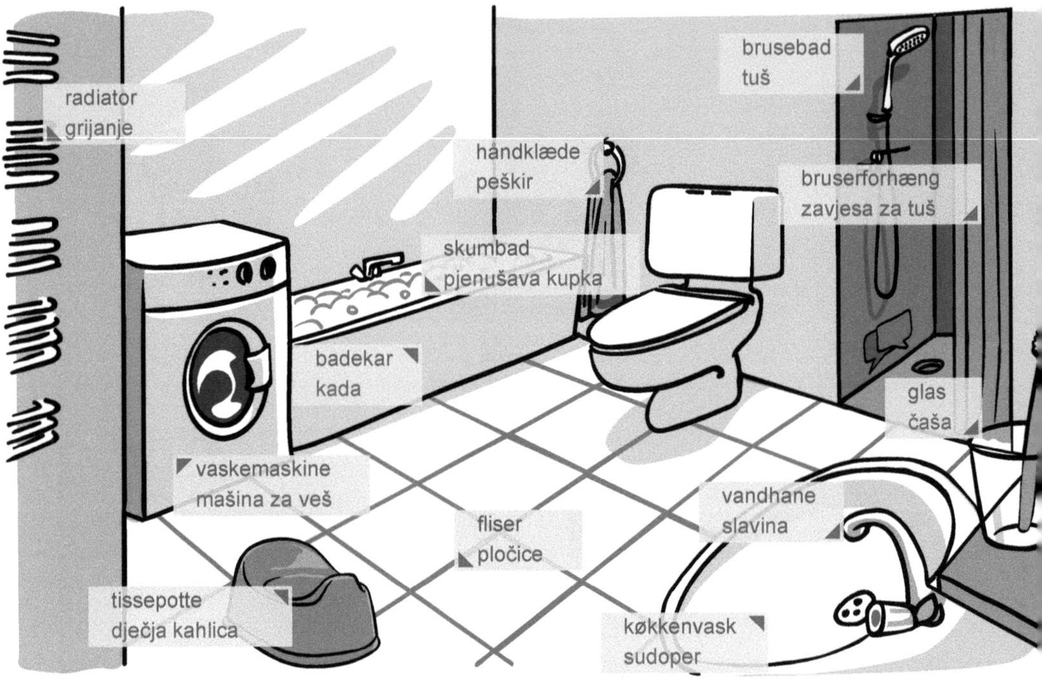

radiator
grijanje
brusebad
tuš
håndklæde
peškir
bruserforhæng
zavjesa za tuš
skumbad
pjenušava kupka
badekar
kada
glas
čaša
vaskemaskine
mašina za veš
vandhane
slavina
fliser
pločice
tissepotte
dječja kahlica
køkkenvask
sudoper

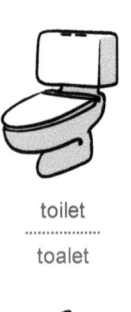

toilet

toalet

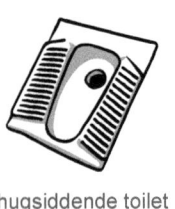

hugsiddende toilet

čučavac

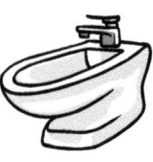

bidet

bide

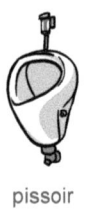

pissoir

pisoar

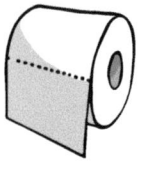

toiletpapir

toalet papir

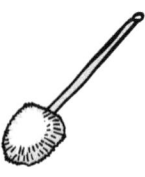

toiletbørste

četka za wc

tandbørste

četkica za zube

tandpasta

pasta za zube

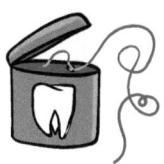

tandtråd

zubni konac

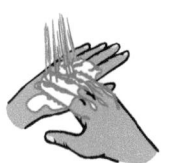

vaske

prati

håndbruser

tuš

intimbruser

intimni tuš

vaskefad

lavor

badebørste

četka za leđa

sæbe

sapun

brusegele

gel za tuširanje

shampoo

šampon

vaskeklud

krpe za pranje

afløb

odvod

creme

krema

deodorant

dezodorans

spejl

ogledalo

kosmetikspejl

ogledalo za šminkanje

barberhøvl

brijač

barberskum

pjena za brijanje

barbervand

vodica poslije brijanja

kam

češalj

børste

četka

hårtørrer

fen

hårspray

sprej za kosu

makeup

puder

læbestift

karmin

neglelak

lak za nokte

vat

vata

neglesaks

makazice za nokte

parfume

parfem

toilettaske

kozmetička torbica

skammel

hoklica

vægt

vaga

badekåbe

kupaći ogrtač

gummihandsker

rukavice za čišćenje

tampon

tampon

damebind

uložak za dame

kemisk toilet

hemijski toalet

børneværelse

dječija soba

vækkeur
budilnik
bamse
plišana igračka
legetøjsbil
auto za igru
skralde
zvečka
dukkehus
kućica za lutke
gave
poklon

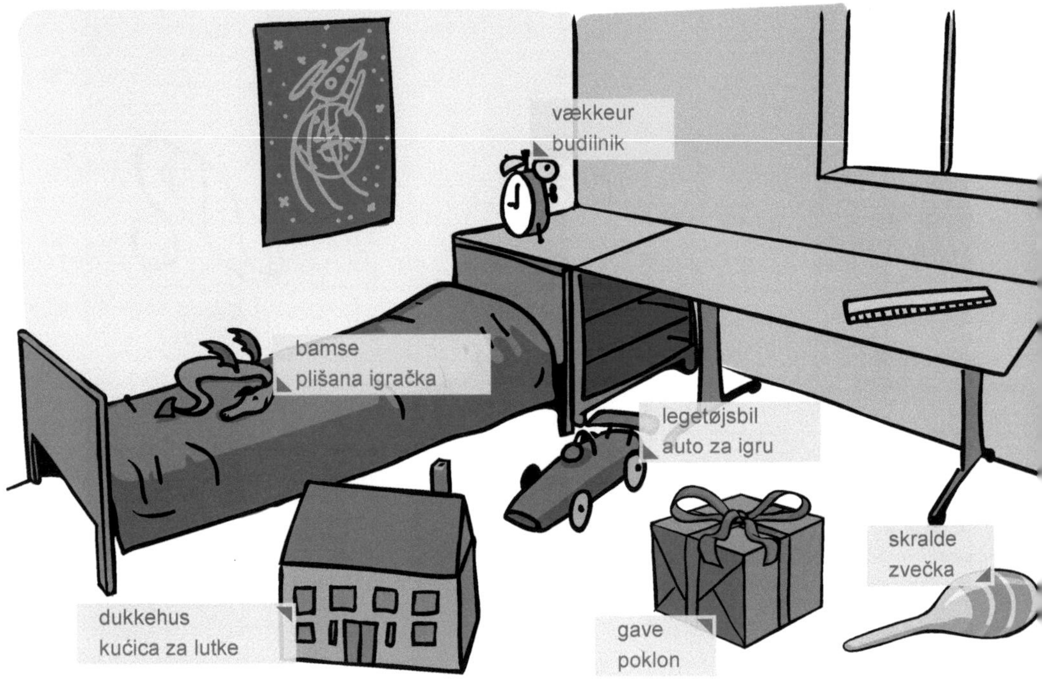

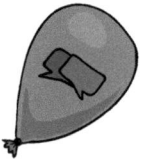

ballon

balon

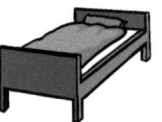

seng

krevet

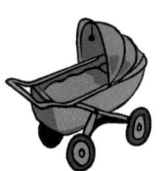

barnevogn

kolica za djecu

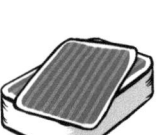

kortspil

karte za igranje

puslespil

puzle

SUPER
MEGA

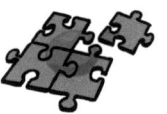

tegneserie

strip

legoklodser

lego kockice

byggeklodser

kockice za gradnju

action figur

akcione figure

sparkedragt

benkica

frisbee

frizbi

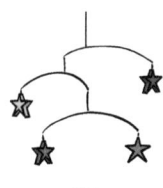

uro

mobile

brætspil

igra na ploči

terning

kocka

modeljernbane

miniatura željeznice

sut

cucla

fest

zabava

billedbog

slikovnica

bold

lopta

dukke

lutka

lege

igrati

sandkasse

pješćanik

gynge

ljuljačka

legetøj

igračke

spillekonsol

konzola za igru

trehjulet cykel

triciklo

bamse

medvjedić

klædeskab

ormar

sokker

kratke čarape

strømper

čarape

strømpebukser

hulahopke

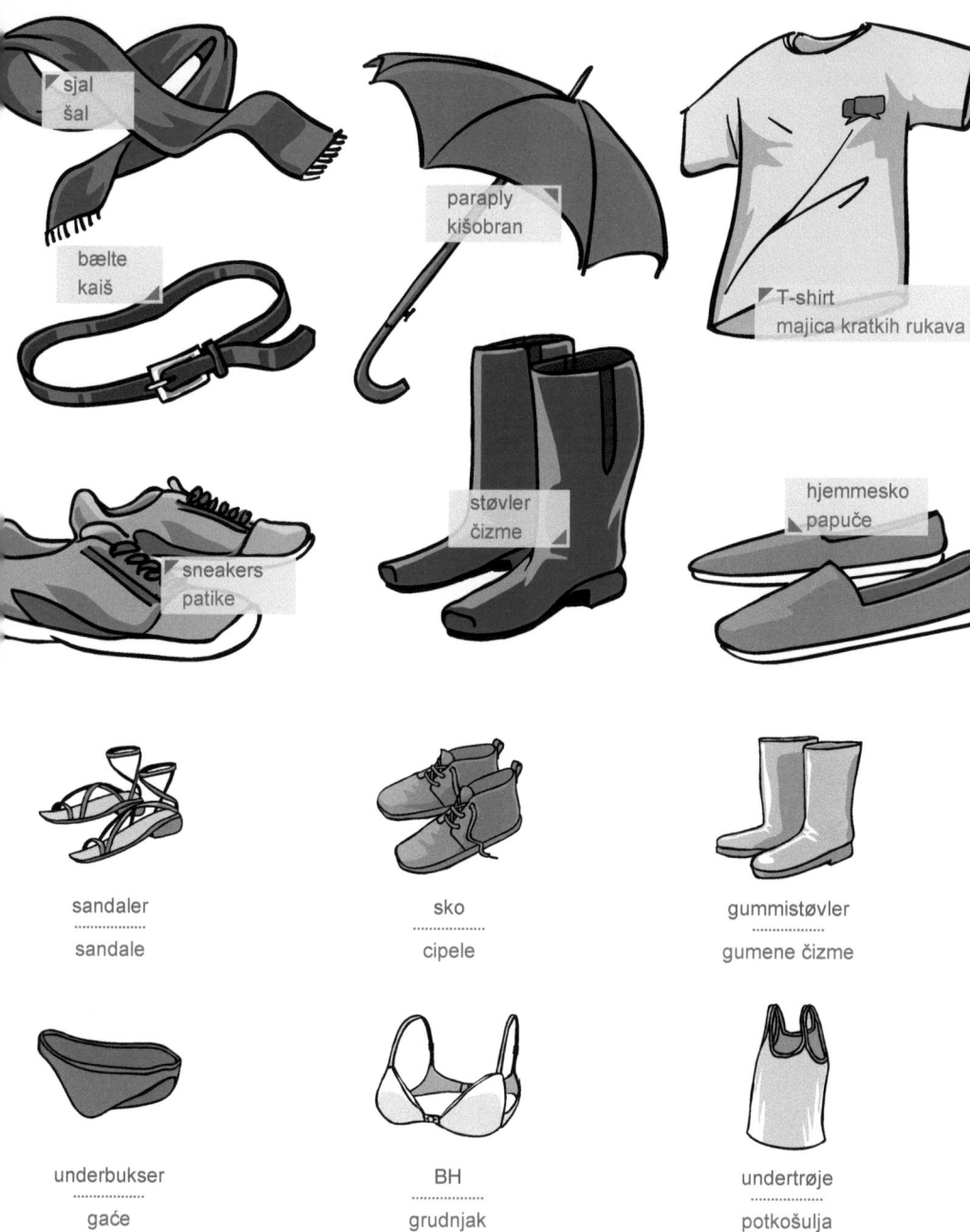

sjal
šal

bælte
kaiš

paraply
kišobran

T-shirt
majica kratkih rukava

støvler
čizme

hjemmesko
papuče

sneakers
patike

sandaler	sko	gummistøvler
sandale	cipele	gumene čizme

underbukser	BH	undertrøje
gaće	grudnjak	potkošulja

body

bodi

bukser

hlače

jeans

farmerke

nederdel

suknja

bluse

bluza

skjorte

košulja

pullover

džemper

sweatshirt

majica

blazer

sako

jakke

jakna

frakke

mantil

regnfrakke

kišni mantil

kostume

kostim

kjole

haljina

brudekjole

vjenčanica

jakkesæt

odijelo

nattrøje

spavaćica

pyjamas

pidžama

sari

sari

hovedtørklæde

marama

turban

turban

burka

burka

kaftan

kaftan

abaya

abaja

badedragt

kupaći kostim

badebukser

kupaće gaće

korte bukser

kratke hlače

træningsdragt

trenerka

forklæde

pregača

handsker

rukavice

knap

dugme

briller

naočare

armbånd

narukvica

kæde

ogrlica

ring

prsten

ørering

naušnica

hue

kapa

bøjle

vješalica

hat

šešir

slips

kravata

lynlås

patentni zatvarač

hjelm

kaciga

seler

tregeri za hlače

skoleuniform

školska uniforma

uniform

uniforma

tøj - odjeća

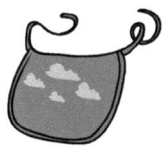

hagesmæk

podbradak

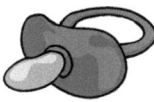

sut

cucla

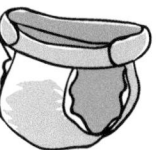

ble

pelene

kontor
ured

server
server
arkivskab
ormar za kartoteku
printer
štampač
papir
papir
skærm
monitor
skrivebord
pisaći sto
mus
miš
mappe
registrator
tastatur
tastatura
papirkurv
korpa za papir
computer
kompjuter
stol
stolica

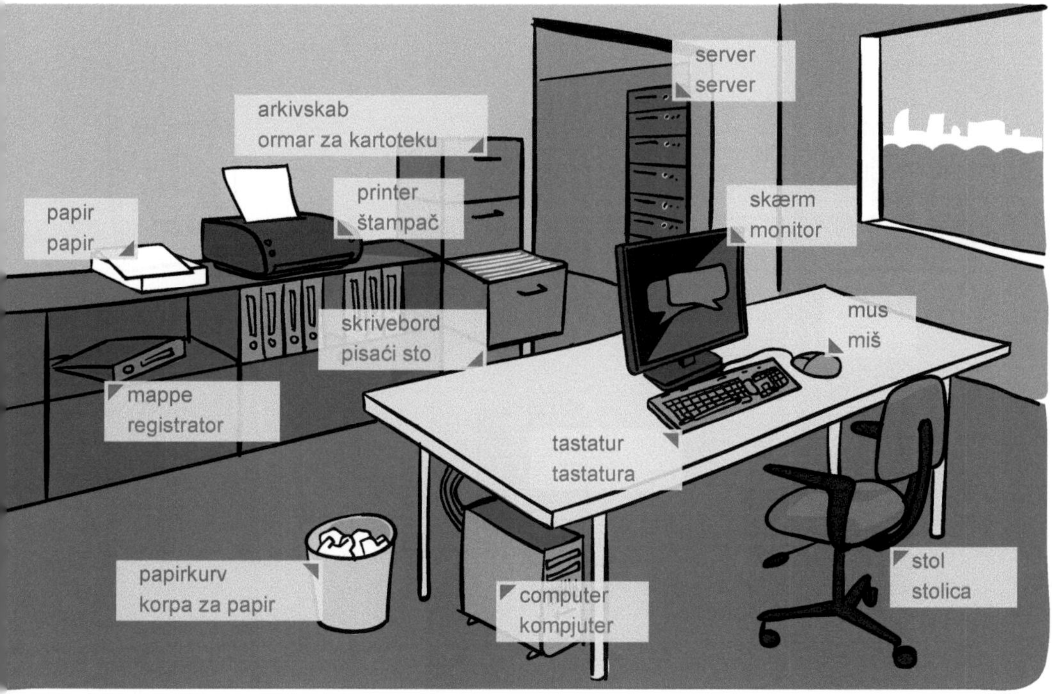

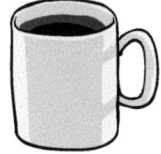

kaffekrus

šolja za kafu

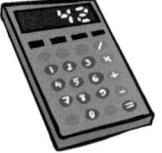

lommeregner

kalkulator

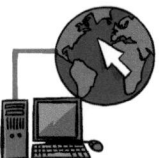

internet

internet

bærbar

laptop

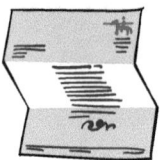

brev

pismo

besked

poruka

mobil

mobilni telefon

netværk

mreža

kopimaskine

aparat za kopiranje

software

softver

telefon

telefon

stikdåse

utičnica

fax

faks

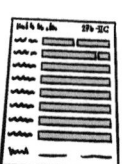

formular

formular

dokument

dokument

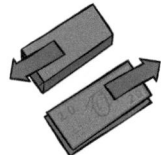

købe

kupovati

betale

platiti

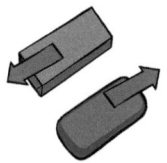

handle

trgovati

penge

novac

USD
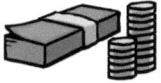

dollar

dolar

EUR

euro

euro

JPY

yen

jen

RUB

rubel

rublja

CHF

schweizerfranc

franak

CNY

renminbi yuan

renminbi jen

INR

rupee

rupi

hæveautomat

bankomat

vekselkontor
mjenjačnica

guld
zlato

sølv
srebro

olie
nafta

energi
energija

pris
cijena

kontrakt
ugovor

skat
porez

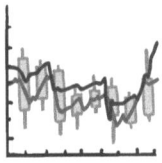

aktie
akcija

arbejde
raditi

ansat
službenik

arbejdsgiver
poslodavac

fabrik
fabrika

butik
radnja

politimand
policajac

brandmand
vatrogasac

kok
kuhar

læge
ljekar

pilot
pilot

gartner
baštovan

tømrer
stolar

syerske
krojačica

dommer
sudija

kemiker
hemičar

skuespiller
glumac

buschauffør

vozač autobusa

taxachauffør

vozač taksija

fisker

ribar

rengøringskone

čistačica

tagdækker

krovopokrivač

tjener

konobar

jæger

lovac

maler

moler

bager

pekar

elektriker

električar

bygningsarbejder

građevinski radnik

ingeniør

inženjer

slagter

koljač

vvs-mand

limar, vodoinstalater

postbud

poštar

soldat

vojnik

arkitekt

arhitekta

kasserer

blagajnik

blomsterhandler

cvjećar

frisør

frizer

togfører

kontrolor

mekaniker

mehaničar

kaptajn

kapiten

tandlæge

zubar

videnskabsmand

naučnik

rabbiner

rabin

imam

imam

munk

monah

præst

sveštenik

værktøj
alat

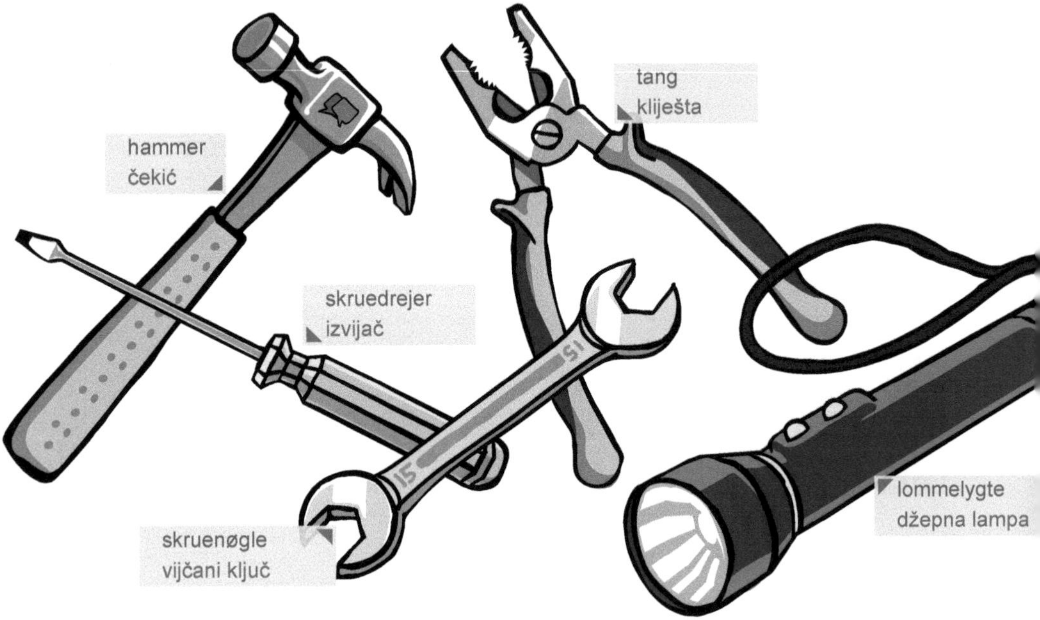

tang
klješta
hammer
čekić
skruedrejer
izvijač
skruenøgle
vijčani ključ
lommelygte
džepna lampa

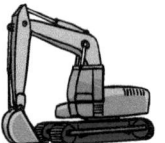

gravemaskine

bager

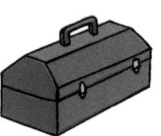

værktøjskasse

kutija sa alatom

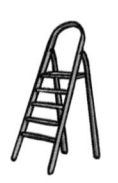

stige

ljestve

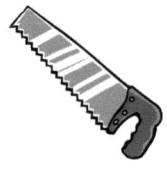

sav

testera, pila

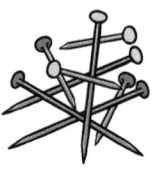

søm

ekser

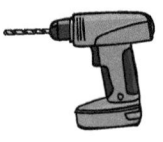

bor

bušilica

reparere
....
popraviti

skovl
....
lopata

Lort!
....
sranje!

fejebakke
....
lopatica

malerspand
....
kanta boje

skruer
....
vijak

musikinstrumenter
muzički instrumenti

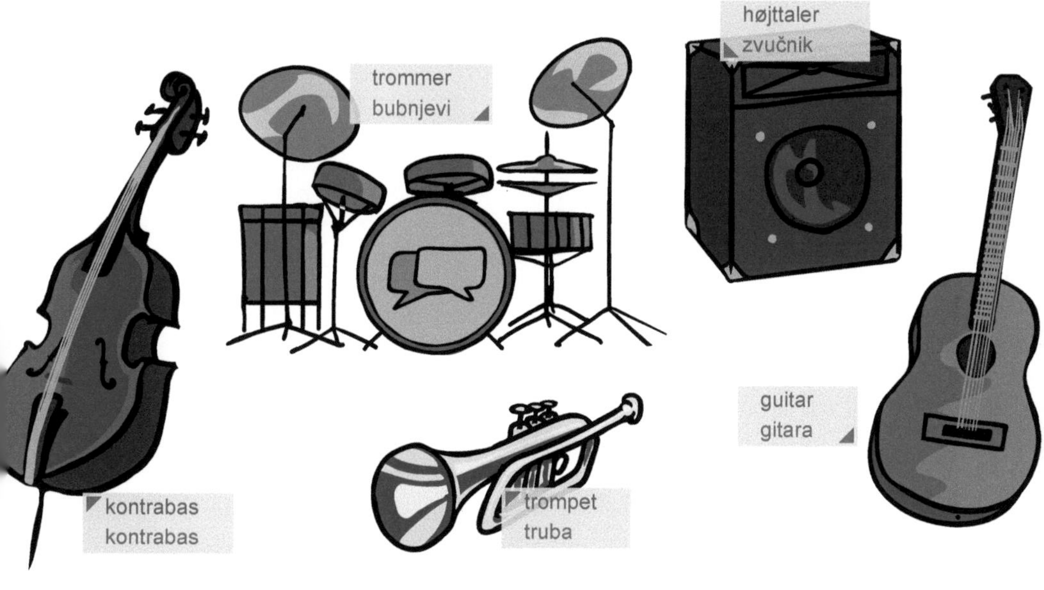

trommer
bubnjevi

højttaler
zvučnik

guitar
gitara

kontrabas
kontrabas

trompet
truba

klaver

klavir

violin

violina

bas

bas

pauke

bubanj timpani

tromme

bubanj

keyboard

sintisajzer

saxofon

saksofon

fløjte

flauta

mikrofon

mikrofon

musikinstrumenter - muzički instrumenti

zoo
zološki vrt

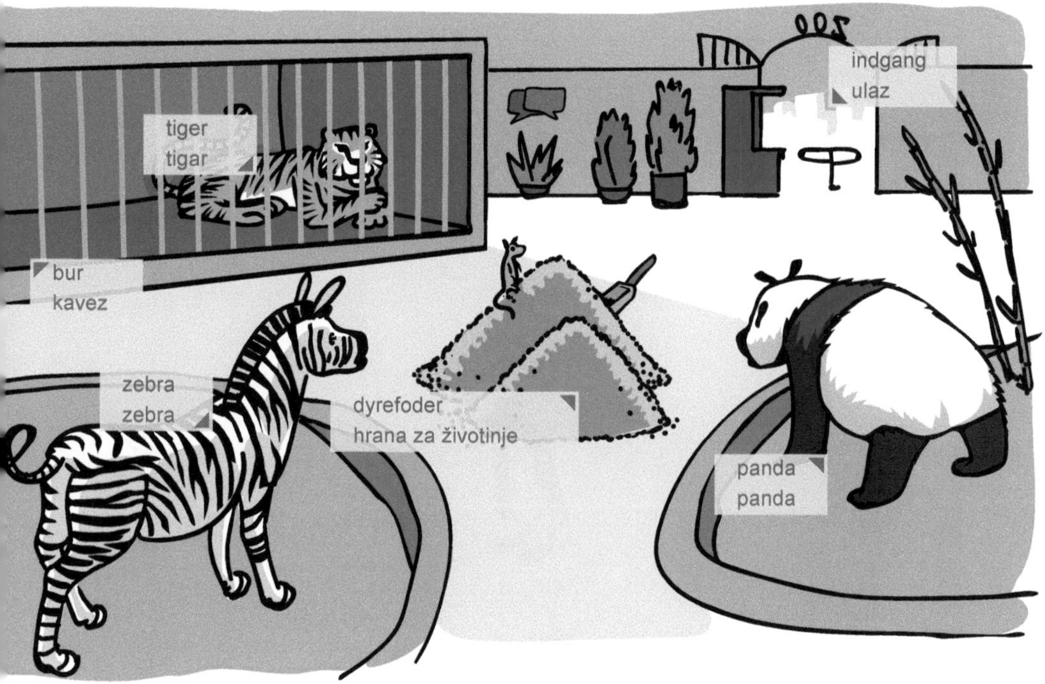
tiger
tigar
indgang
ulaz
bur
kavez
zebra
zebra
dyrefoder
hrana za životinje
panda
panda

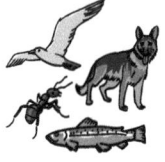

dyr

životinje

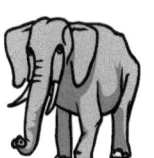

elefant

slon

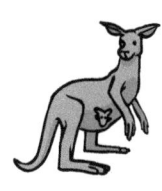

kænguru

kengur

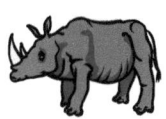

næsehorn

nosorog

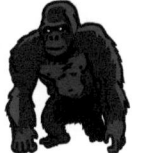

gorilla

gorila

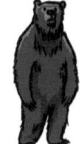

bjørn

medvjed

kamel

kamila

struds

noj

løve

lav

abe

majmun

flamingo

flamingo

papegøje

papagaj

isbjørn

polarni medvjed

pingvin

pingvin

haj

morski pas

påfugl

paun

slange

zmija

krokodille

krokodil

dyrepasser

čuvar u zološkom vrtu

sæl

tuljan

jaguar

jaguar

pony

poni

leopard

leopard

flodhest

nilski konj

giraf

žirafa

ørn

orao

vildsvin

divlja svinja

fisk

riba

skildpadde

kornjača

hvalros

morž

ræv

lisica

gazelle

gazela

amerikansk football
amerièki fudbal

cykling
vožnja bicikla

tennis
tenis

basketball
košarka

svømning
plivanje

boksning
boks

ishockey
hokej na ledu

fodbold
fudbal

badminton
bedminton

atletik
laka atletika

håndbold
rukomet

skiløb
skijanje

polo
polo

aktiviteter
aktivnosti

springe
skakati
give et knus
zagrliti
grine
smijati se
gå
ići
synge
pjevati
drømme
sanjati
bede
moliti
kysse
ljubiti

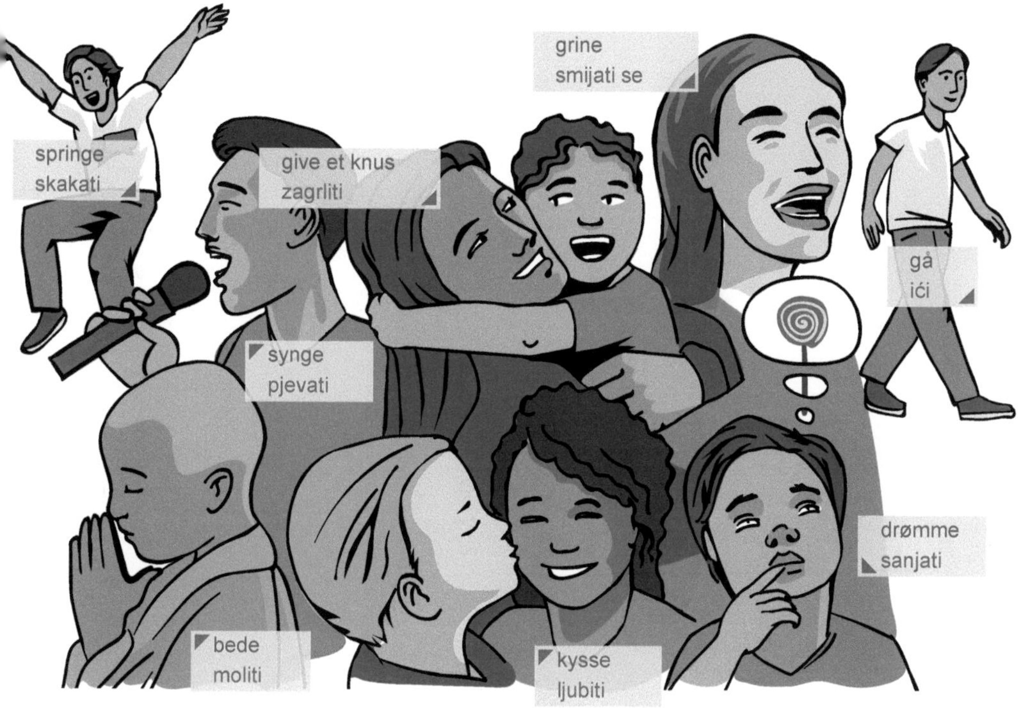

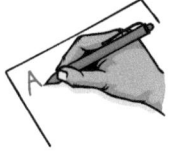

skrive
pisati

tegne
crtati

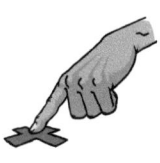

vise
pokazati

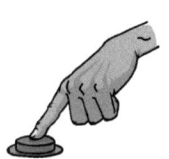

skubbe
gurati

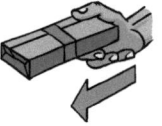

give
dati

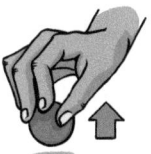

tage
uzeti

have
imati

gøre
raditi

være
biti

stå
stajati

løbe
trčati

trække
vući

kaste
baciti

falde
pasti

ligge
ležati

vente
čekati

bære
nositi

sidde
sjediti

tage på
obući

sove
spavati

vågne
probuditi

se på

pogledati

græde

plakati

ae

milovati

kæmme

češljati

tale

govoriti

forstå

razumjeti

spørge

pitati

høre

slušati

drikke

piti

spise

jesti

rydde op

pospremiti

elske

voljeti

koge

kuhati

køre

voziti

flyve

letjeti

aktiviteter - aktivnosti

sejle

jedriti

regne

računati

læse

čitati

lære

učiti

arbejde

raditi

gifte sig med

vjenčavti

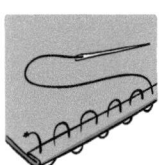

sy

šiti

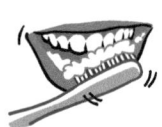

børste tænder

prati zube

dræbe

ubiti

ryge

pušiti

sende

slati

familie
porodica

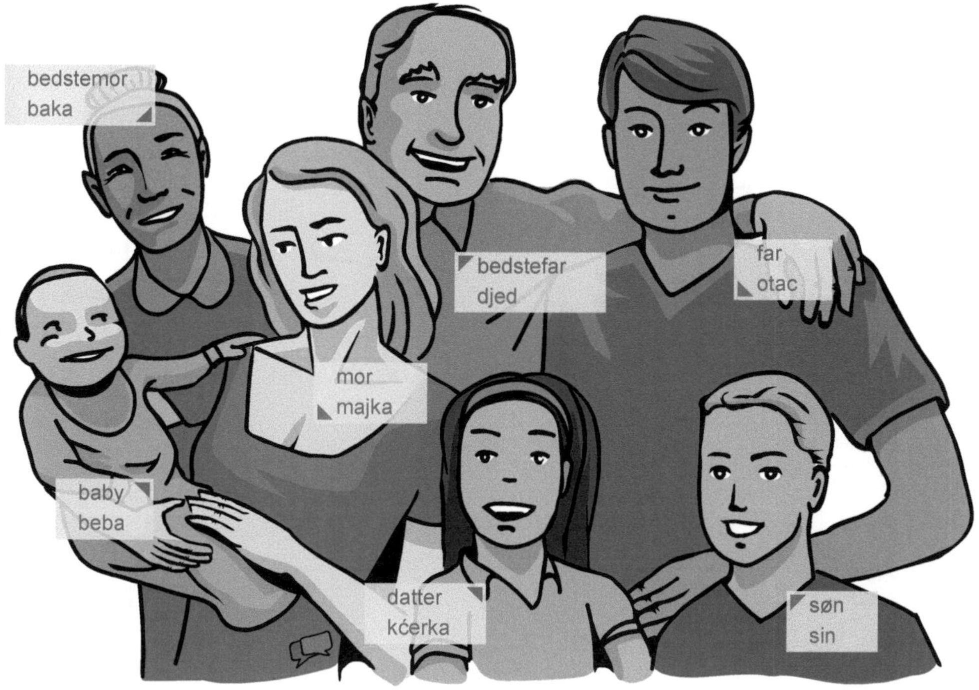

bedstemor
baka
bedstefar
djed
far
otac
mor
majka
baby
beba
datter
kćerka
søn
sin

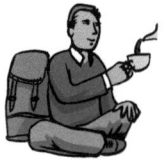

gæst

gost

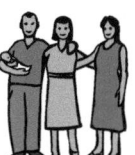

tante

ujna, tetka, strina

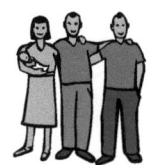

onkel

ujak, tetak, stric

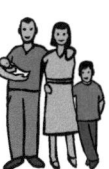

bror

brat

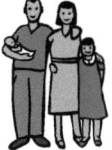

søster

sestra

krop
tijelo

pande
čelo
øje
oko
skulder
leđa
finger
prst
ansigt
lice
hage
brada
hånd
ruka, šaka
ben
noga
bryst
grudi
arm
ruka

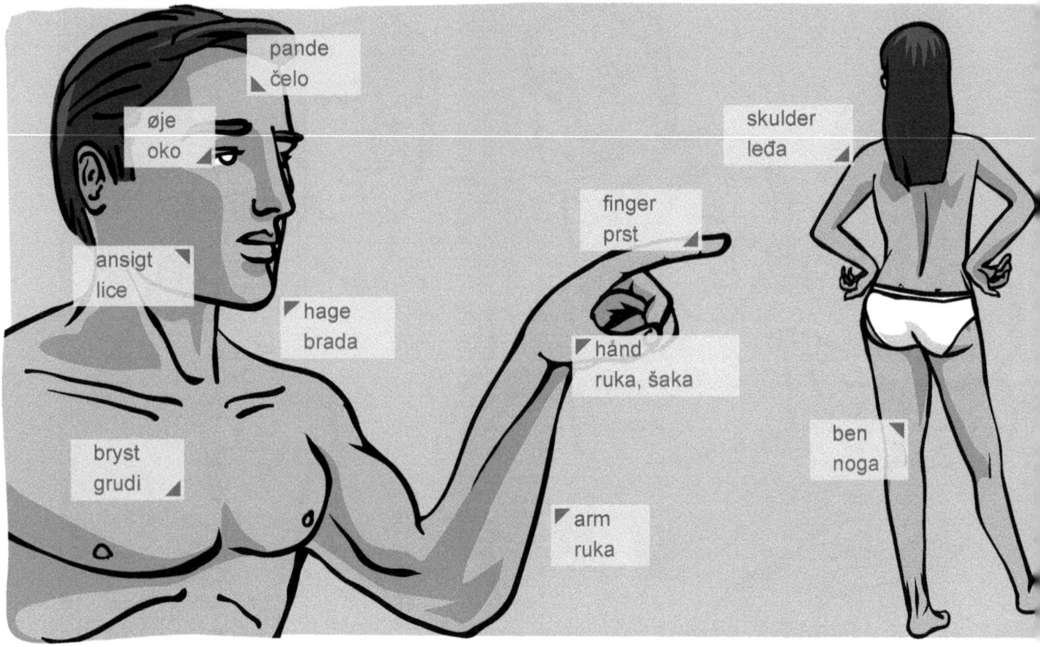

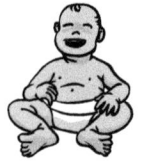

baby
beba

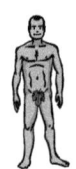

mand
muškarac

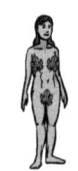

kvinde
žena

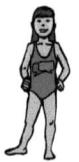

pige
djevojčica

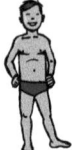

dreng
dječak

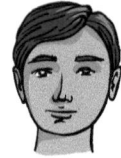

hoved
glava

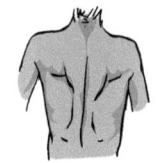

ryg

leđa

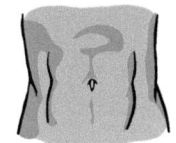

mave

stomak

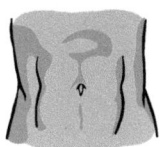

navle

pupak

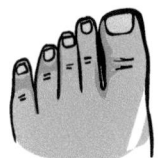

tå

nožni prst

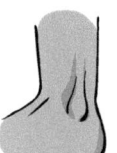

hæl

peta

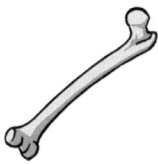

knogle

kosti

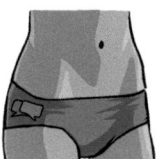

hofte

kuk

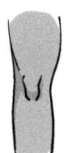

knæ

koljeno

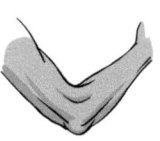

albue

lakat

næse

nos

bagdel

stražnjica

hud

koža

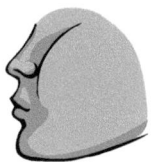

kind

obraz

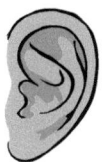

øre

uho

læbe

usna

mund

usta

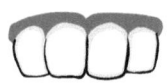

tand

zub

tunge

jezik

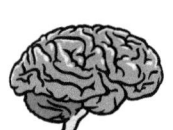

hjerne

mozak

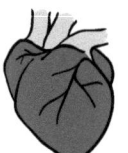

hjerte

srce

muskel

mišić

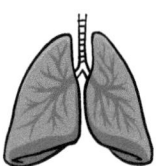

lunge

pluća

lever

jetra

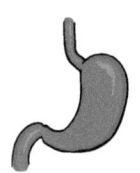

mavesæk

želudac

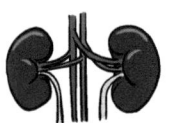

nyrer

bubreg

sex

spolni odnos

kondom

kondom

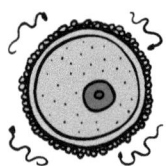

ægcelle

jajna ćelija

sperm

sperma

svangerskab

trudnoća

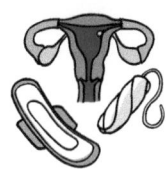

menstruation

menstruacija

vagina

vagina

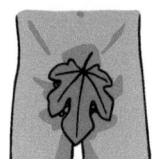

penis

penis

øjenbryn

obrva

hår

kosa

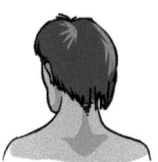

hals

vrat

sygehus
bolnica

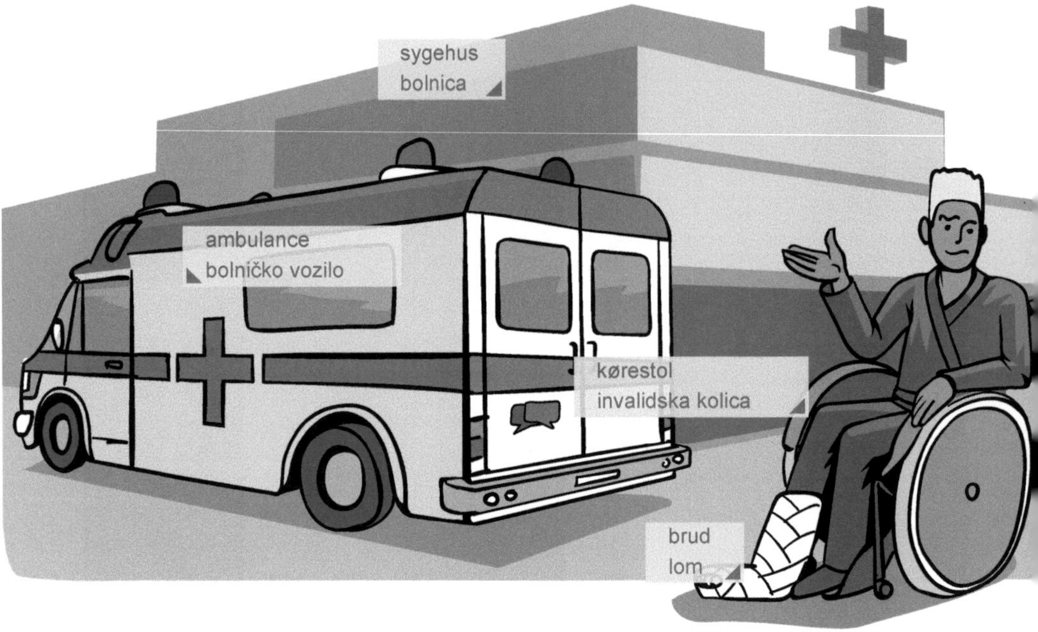

sygehus
bolnica
ambulance
bolničko vozilo
kørestol
invalidska kolica
brud
lom

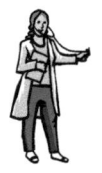

lægе

ljekar

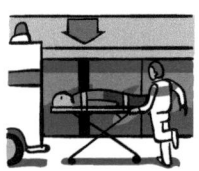

akutmodtagelse

hitna služba

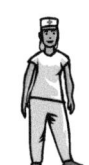

sygeplejerske

medicinska sestra

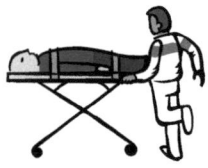

nødstilfælde

hitna pomoć

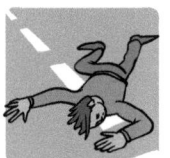

bevidstløs

nesvjest

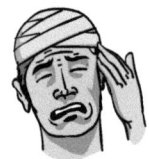

smerte

bol

skade

povreda

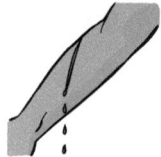

blødning

krvarenje

hjerteinfarkt

srčani udar, infarkt

slagtilfælde

moždani udar

allergi

alergija

hoste

kašalj

feber

groznica

influenza

gripa

diarré

proljev

hovedpine

glavobolja

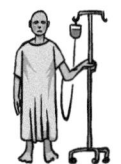

kræft

rak

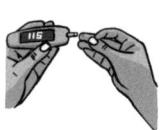

diabetes

dijabetes

kirurg

hirurg

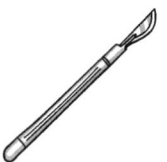

skalpel

skalpel

operation

operacija

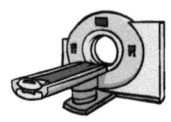

CT
CT

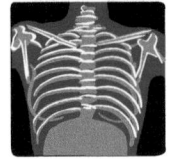

røntgen
rendgen

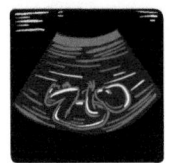

ultralyd
ultrazvuk

maske
maska

sygdom
bolest

venteværelse
čekaonica

krykke
štake

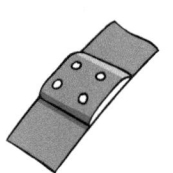

plaster
flaster

forbinding
zavoj

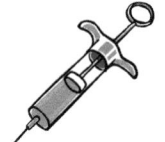

injektion
injekcija

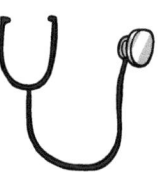

stetoskop
stetoskop

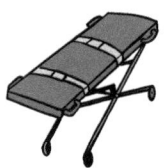

båre
nosilo

termometer
termometar

fødsel
porod

overvægt
prekomjerna težina, debljina

høreapparat

slušni aparat

desinficerende middel

sredstvo za dezinfekciju

infektion

infekcija

virus

virus

HIV / AIDS

HIV/ AIDS

medicin

medicina

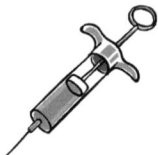

vaccination

vakcinacija

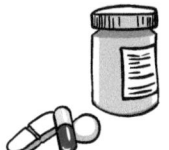

tabletter

tablete

pille

pilula

nødopkald

hitni poziv

blodtryksmåler

aparat za mjerenje pritiska

syg / rask

bolestan / zdrav

Hjælp!

Upomoć!

alarm

alarm

overfald

napad, prepad

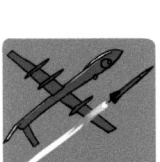

angreb

napad

fare

opasnost

nødudgang

izlaz u slučaju opasnosti

Det brænder!

Požar!

ildslukker

vatrogasni aparat

uheld

nezgoda

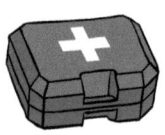

førstehjælps-kuffert

torba prve pomoći

SOS

SOS

politi

policija

Europa

Europa

Nordamerika

Sjeverna Amerika

Sydamerika

Južna Amerika

Afrika

Afrika

Asien

Azija

Australien

Australija

Atlanterhavet

Atlantik

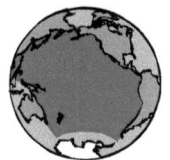

Stillehavet

Pacifik

Indiske Ocean

Indijski okean

Sydlige Ishav

Antarktički okean

Ishav

Arktički okean

Nordpol

Sjeverni pol

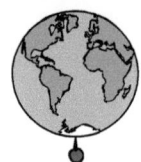

Sydpol

Južni pol

Antarktis

Antarktik

Jorden

Zemlja

land

zemlja

hav

more

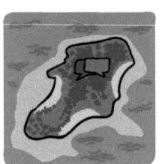

ø

ostrvo

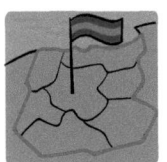

nation

nacija

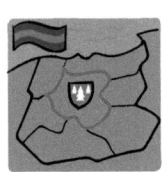

stat

država

urskive

brojčanik sata

timeviser

kazaljka sata

minutviser

kazaljka minute

sekundviser

kazaljka sekunde

Hvad er klokken?

Koliko je sati?

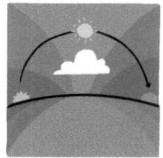

dag

dan

tid

vrijeme

nu

sada

digitalur

digitalni sat

minut

minuta

time

sat

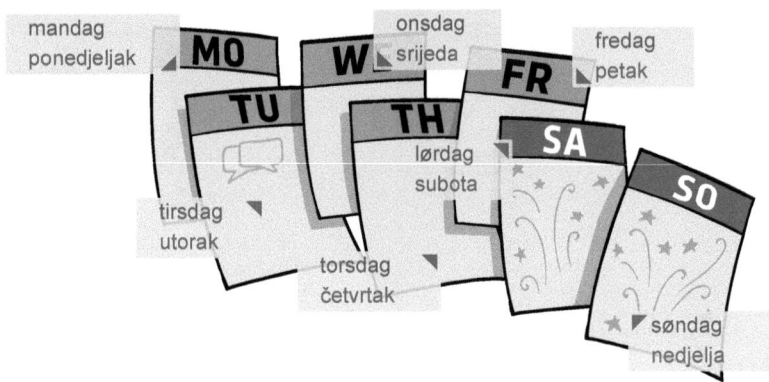

mandag
ponedjeljak

onsdag
srijeda

fredag
petak

tirsdag
utorak

lørdag
subota

torsdag
četvrtak

søndag
nedjelja

i går
juče

i dag
danas

i morgen
sutra

morgen
jutro

middag
podne

aften
veče

MO	TU	WE	TH	FR	SA	SU
1	2	3	4	5	6	7
8	9	10	11	12	13	14
15	16	17	18	19	20	21
22	23	24	25	26	27	28
29	30	31	1	2	3	4

arbejdsdage
radni dani

MO	TU	WE	TH	FR	SA	SU
1	2	3	4	5	6	7
8	9	10	11	12	13	14
15	16	17	18	19	20	21
22	23	24	25	26	27	28
29	30	31	1	2	3	4

weekend
vikend

år
godina

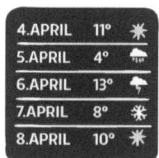

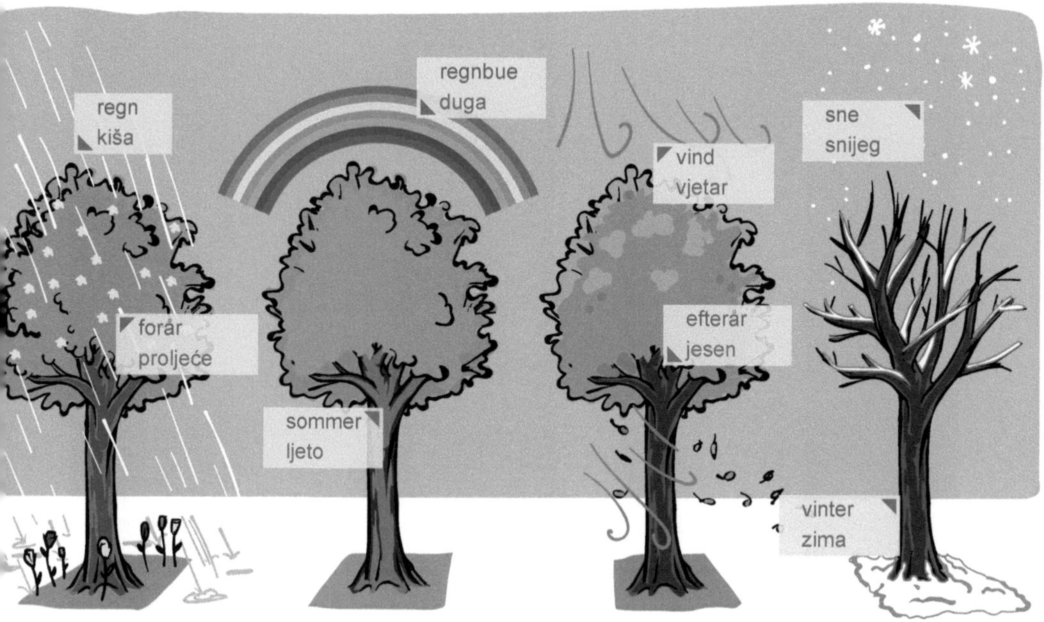
regn
kiša
regnbue
duga
vind
vjetar
sne
snijeg
forår
proljeće
efterår
jesen
sommer
ljeto
vinter
zima

4.APRIL 11°
5.APRIL 4°
6.APRIL 13°
7.APRIL 8°
8.APRIL 10°

vejrudsigt

prognoza vremena

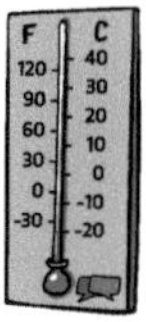
F C
120 90 60 30 0 -30
40 30 20 10 0 -10 -20

termometer

termometar

solskin

sunčev sjaj

sky

oblak

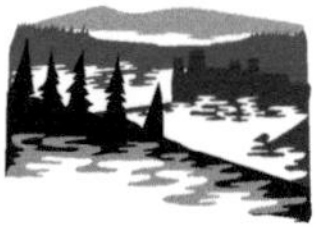

tåge

magla

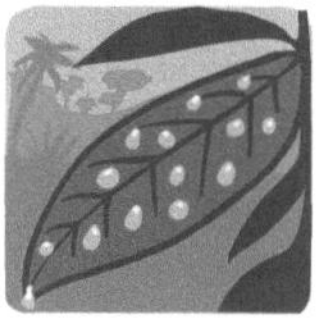

luftfugtighed

vlažnost vazduha

lyn
....
munja

torden
....
grom

storm
....
oluja

hagl
....
tuča, led

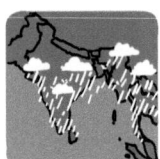

monsun
....
monsun

flod
....
poplava

is
....
led

januar
....
januar

februar
....
februar

marts
....
mart

april
....
april

maj
....
maj

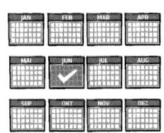

juni
....
juni

juli
....
juli

august
....
avgust

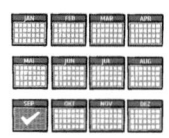

september
....
septembar

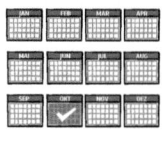

oktober
....
oktobar

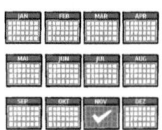

november
....
novembar

december
....
decembar

former

oblici

cirkel
....
krug

kvadrat
....
kvadrat

firkant
....
pravougao

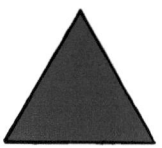

trekant
....
trougao

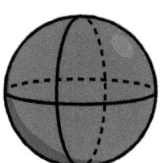

kugle
....
kugla

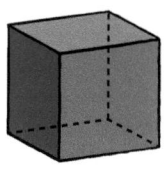

terning
....
kocka

hvid
bjel

gul
žut

orange
narandžast

pink
pink

rød
crven

lilla
ljubičast

blå
plav

grøn
zelen

brun
smeđ

grå
siv

sort
crn

meget / lidt

malo / mnogo

rasende / fredelig

ljutit / miran

smuk / grim

lijep / ružan

begyndelse / slut

početak / kraj

stor / lille

veliki / mali

lys / mørk

svijetlo / tamno

bror / søster

brat / sestra

ren / snavset

čist / prljav

fuldkommen / ufuldkommen

potpun / nepotpun

dag / nat

dan / noć

død / levende

mrtav / živ

bred / smal

široko / usko

spiselig / uspiselig

ukusno / neukusno

vred / venlig

zao / prijatan

ophidset / kedet

uzbuđen / dosadan

tyk / tynd

debeo / mršav

først / sidst

najprije / najkasnije

ven / fjende

prijatelj / neprijatelj

fuld / tom

pun / prazan

hård / blød

trvd / mekan

tung / let

težak / lagan

sult / tørst

glad / žeđ

syg / rask

bolestan / zdrav

illegal / legal

ilegalan / legalan

intelligent / dum

inteligentan / glup

venstre / højre

lijevo / desno

nær / fjern

blizu / daleko

ny / brugt

nov / polovan

intet / noget

ništa / nešto

gammel / ung

star / mlad

tændt / slukket

uključeno / isključeno

åben / lukket

otvoreno / zatvoreno

stille / højt

tiho / glasno

rig / fattig

bogat / siromašan

rigtig / forkert

tačno / pogrešno

ru / glat

hrapav / glatak

ked af det / lykkelig

tužan / srećan

kort / lang

kratak / dug

langsom / hurtig

spor / brz

våd / tør

mokro / suho

varm / kold

toplo / hladno

krig / fred

rat / mir

0

nul

nula

1

en

jedan

2

to

dva

3

tre

tri

4

fire

četiri

5

fem

pet

6

seks

šest

7

syv

sedam

8

otte

osam

9

ni

devet

10

ti

deset

11

elleve

jedanaest

12

tolv
dvanaest

13

tretten
trinaest

14

fjorten
četrnaest

15

femten
petnaest

16

seksten
šesnaest

17

sytten
sedamnaest

18

atten
osamnaest

19

nitten
devetnaest

20

tyve
dvadeset

100

hundrede
sto

1.000

tusinde
hiljada

1.000.000

million
milion

engelsk

engleski

amerikansk engelsk

američki engleski

kinesisk mandarin

kinesko mandarinski

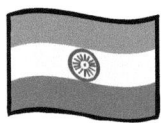

hindi

hindi

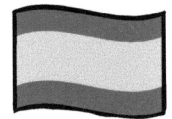

spansk

španski

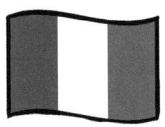

fransk

francuski

arabisk

arapski

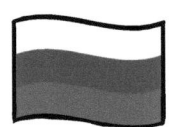

russisk

ruski

portugisisk

portugalski

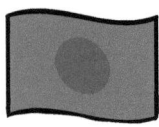

bengalsk

bengalski

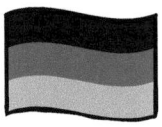

tysk

njemački

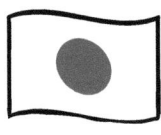

japansk

japanski

jeg

ja

du

ti

han / hun / den / det

on / ona / ono

vi

mi

I

vi

de

oni

hvem?

ko?

hvad?

šta?

hvordan?

kako?

hvor?

gdje?

hvornår?

kada?

navn

ime

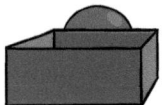

bag

iza

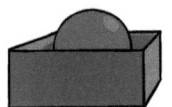

i

u

foran

pred

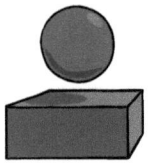

over

iznad

på

na

under

ispod

ved siden af

pored

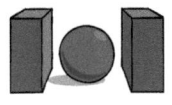

imellem

između

sted

mjesto